AF356038

EMILE BARAS

L'HOMME ET L'OEUVRE

PAR

ALBERT KOWNACKI

Professeur et Membre du Conseil de l'Association philotechnique

Officier d'Académie

PARIS

IMPRIMERIE TYPOGRAPHIQUE JOSEPH KUGELMANN

12, rue de la Grange-Batelière, 12

1889

EMILE BARAS

L'HOMME ET L'OEUVRE

PAR

ALBERT KOWNACKI

Professeur et Membre du Conseil de l'Association philotechnique

Officier d'Académie

PARIS

IMPRIMERIE TYPOGRAPHIQUE JOSEPH KUGELMANN

12, rue de la Grange-Batelière, 12

—

1889

Les lignes suivantes sont consacrées à un homme modeste, dont le nom, malgré ses services et son talent, n'a pas pénétré jusqu'au grand public. Son autorité était reconnue dans le monde qui s'occupe des choses de l'économie sociale ; il aurait pu diriger nos finances, il s'est contenté d'être conseiller municipal de son village.

Ses amis étaient nombreux, c'est à eux que nous dédions ce petit écrit. Certes, nous n'avons pas tout dit, — comment tout dire en vingt pages? — mais assez cependant pour entraîner la sympathie et l'estime de ceux qui ne l'ont pas connu, et raviver son souvenir dans la mémoire des autres.

Joinville-le-Pont, 18 janvier 1889

EMILE BARAS

L'HOMME ET L'OEUVRE

PREMIÈRE PARTIE

I

Les littérateurs et les poètes sont des gens heureux ! Il leur
suffit d'avoir du talent. Leurs moindres œuvres sont recueillies ;
la foule sait leur nom. Quand la mort vient, elle ne les prend pas
tout entiers : un livre, une page les sauve de l'oubli et prolonge
à jamais leur souvenir et leur action.

Il n'en est pas ainsi du journaliste. Mêlé aux batailles quoti-
diennes, aux événements, aux discussions, aux intérêts, au tour-
billon des affaires, son influence est de tous les instants, mais
ses œuvres sont comme les pages du calendrier que l'on effeuille
jour à jour, et que personne ne ramassera plus. Lorsqu'il meurt,
rien ne lui survit qui rappelle son dur labeur.

Ces réflexions nous venaient en parcourant les trente volumes
in-folio où se trouve dispersé l'œuvre entière d'Emile Baras ; un
trésor en menue monnaie, rempli de pièces à tenter un collec-
tionneur. Il ne sera pas dit, toutefois, que ce laborieux aura dis-
paru sans qu'une main amie ait cherché à reconstituer son ori-

ginale figure pour rendre justice à son caractère et à son talent. C'est un travail difficile ; il faudrait faire un portrait, nous ne pourrons tracer qu'une silhouette, mais au moins elle sera tracée : la sincérité de notre hommage en rachètera la faiblesse.

*_**

E. Baras naquit à Charolles en 1828 ; il perdit son père de très bonne heure et fut obligé fort jeune de se suffire. Il était commis d'agent de change quand survinrent les événements de 1848 ; il prit part à la résistance contre le coup d'État du 2 décembre ; envoyé de Paris dans son département pour répandre la proclamation de l'Assemblée, il fut emprisonné, puis bientôt relâché, grâce à des influences de famille. Républicain dès cette époque, il est resté fidèle toute sa vie aux opinions politiques de sa jeunesse.

En 1859, il entrait à la *Semaine financière;* il y est resté plus de vingt ans et il en devint rédacteur en chef à la mort d'Eugène Forcade. Il collabora à l'*Avenir national,* au *Parlement,* à la *Petite République française,* et, pendant plus de dix ans, à l'*Indépendance belge.*

Depuis quelques années, sa santé, jusque-là florissante, faiblissait ; un peu de repos aurait pu la rétablir, mais l'inaction pesait trop à Baras pour qu'il pût s'y résigner. Il est mort emporté soudainement, et comme il eût sans doute souhaité de mourir, c'est-à-dire à son poste, la plume à la main, entouré de son fils, de ses collaborateurs, de ses amis.

Baras était un écrivain de race ; il n'avait jamais en vue le grand public quand il écrivait, mais une élite dont le jugement et l'approbation lui tenaient au cœur. Toutefois son esprit était si lucide, les questions se déroulaient devant lui si clairement, il démêlait si bien l'essentiel de l'accessoire, que, la clarté de ses idées illuminant son style, tous le comprenaient.

Il mettait immédiatement le doigt sur le point faible d'une question. Il allait droit au but, à la conséquence dernière qu'il entrevoyait, et aucune considération ne l'empêchait de parler. Cette franchise lui donnait un air de dureté ; mais, si l'on allait au delà de l'écorce, on découvrait une fine nature, on sentait battre un cœur plein de délicatesse et d'exquise bonté. On ne connaîtra jamais l'étendue de sa bienfaisance. Les faits que découvraient par hasard ceux qui le touchaient de près peuvent donner, toutefois, une idée du nombre des infortunes qu'il a soulagées.

Il répandait autour de lui un charme que tous ceux qui l'approchaient ont subi, malgré une certaine rudesse qui rendait parfois son abord difficile. Il avait conscience de sa valeur, et cependant il était modeste jusqu'à la timidité. Il s'imaginait volontiers que les autres en savaient plus que lui : aussi écoutait-il patiemment et avec attention. Mais, quand ce qu'il entendait choquait par trop ses idées, il éclatait, il ne souffrait plus la contradiction, toute l'impétuosité de sa nature se faisait jour ; son geste s'animait, son œil noir s'enflammait, et il mettait parfois au service de son indignation une vivacité de langage toute plébéienne. Puis, tout à coup, il se taisait, prêt à écrire ou à dicter. La plume à la main, ce n'était plus le même homme. Autant il était emporté tout à l'heure, autant il était calme à présent : retournant chaque phrase, pesant chaque idée : nul n'était plus pondéré que ce violent. C'est qu'il avait un admirable bon sens, une grande pénétration et le souci de la vérité. Les objections, dont il faisait bon marché dans la discussion, se présentaient à lui quand il écrivait ; il les étudiait alors avec soin. La contradiction ne lui déplaisait pas à cet instant ; il la cherchait même parfois comme un aiguillon ; mais ce secret désir n'était pas souvent exaucé, on aimait mieux éviter l'orage.

C'était un causeur admirable, tour à tour éloquent et enjoué. C'est surtout dans la conversation que se révélaient toute la finesse de son esprit, toute la richesse de son cœur. Dans ses jours de gaieté, il était d'une verve intarissable. Il aimait beaucoup les réunions d'amis où on peut causer librement : il aimait aussi beaucoup la solitude, les grands bois, la mer. Il y avait un poète dans cet homme toujours courbé sur des chiffres et des bilans. Il était très attaché à ses habitudes, et pourtant le changement ne lui déplaisait pas ; il avait besoin d'expansion, et il était cependant ombrageux et un peu méfiant. Comme les âmes délicates, il aimait surtout à être deviné.

II

C'est au mois d'août 1859 que sa signature apparaît, pour la première fois, dans la *Semaine financière*.

Sa tâche, dès le début, fut écrasante. Outre la partie commerciale, les recettes des chemins de fer, le mouvement des impôts et du commerce extérieur, le bilan de la Banque, il était chargé de la correspondance, ce qui le forçait à veiller très souvent et fort tard. On pourrait faire l'histoire financière de ces années avec les lettres qu'il écrivit alors. Doué d'une mémoire prodigieuse, d'une grande facilité et d'une grande puissance de travail, il suffit à tout. Dès cette époque, on sent déjà dans ses études une note personnelle qui révèle l'esprit supérieur et le véritable écrivain. Il resta longtemps cependant dans une situation modeste ; mais la mort d'Eugène Forcade, en 1869, le mit au premier plan.

La *Semaine* était devenue, depuis 1868, la propriété de MM. Gibiat, Jenty, Emile de Girardin. Ces messieurs avaient acheté le journal dans le but, disaient-ils, « de constituer la publi-« cité financière dans toute son indépendance et dans toute sa « puissance ». Les nouveaux propriétaires étaient de grands brasseurs d'affaires ; la *Semaine*, entre leurs mains, était naturellement appelée à devenir un rouage essentiel pour la réussite de leurs projets et de leurs entreprises. Mais ils durent compter avec Baras.

Ce dernier avait acquis à force de sincérité et de talent une réputation méritée. On savait que, pour distribuer l'éloge et la critique, il ne consultait que sa conscience et jamais ses intérêts: aussi son opinion pesait d'un grand poids. Il refusa toujours l'appui de sa plume aux projets qu'il n'approuvait pas, et très souvent il fut un gêneur pour le Triumvirat. Dans cette lutte du pot de terre contre le pot de fer, il eût été infailliblement brisé ; mais Emile de Girardin — le grand chef, comme l'appelaient ses deux associés, — qui aimait les gens honnêtes et décidés, le soutint toujours. Il avait pleine confiance dans Baras, qu'il présentait à l'ambassadeur d'Espagne comme le premier financier de Paris. Il lui laissait toute liberté d'action, mais à ses risques et périls. Nous en rapporterons seulement deux exemples.

M. Haussmann, pour payer la démolition et la reconstruction de Paris, était obligé d'engager la Ville dans des emprunts continus, qui menaçaient de mettre les finances de la Ville dans un grand embarras. Baras avait depuis longtemps jeté le cri d'alarme. Quand il fut question, en 1870, d'ajouter un emprunt de 500 à 600 millions à l'emprunt de 1 milliard déjà réalisé, E. Baras fit connaître son intention de combattre les projets de l'administration. Emile de Girardin, ne pouvant le faire revenir sur sa détermination, finit par lui dire : « Allez, dites vos raisons, les autres répondront s'ils peuvent. » On ne répondit pas, et de Girardin, convaincu, disait à ceux qui se plaignaient de l'attitude de son journal : « Avez-vous quelque chose à répondre ? Montrez-moi que Baras a tort. » Si la preuve eût été faite, il l'eût infailliblement sacrifié.

Mais la crainte de perdre sa situation ne pouvait faire hésiter Baras quand il s'agissait de défendre ce qu'il considérait comme bon ou de combattre ce qu'il considérait comme mauvais. Il l'avait bien montré, un an auparavant, dans une circonstance plus grave. Nous voulons parler du projet de concession d'un double chemin de fer de Saint-Etienne à Givors et de Givors à Lyon, projet dont l'exécution aurait créé une ligne parallèle concurrente à celle qui existait déjà. Le Conseil des ponts et chaussées, le Comité consultatif des chemins de fer, enfin, le Conseil d'Etat repoussaient le projet, mais les promoteurs de la nouvelle ligne annonçaient très haut que le gouvernement passerait outre.

La Compagnie de Lyon s'était émue et à juste titre. « Nous « n'hésitons pas à vous dire, lit-on dans le rapport fait aux « actionnaires, que la mesure dont nous sommes menacés prendra les proportions les plus graves. En effet, le gouvernement « viendrait lui-même concéder une seconde fois ce dont il a déjà « disposé, il détruirait de sa main, non seulement les principes « qui ont servi de base à la formation des grands réseaux, mais « ceux mêmes sur lesquels reposent toutes les concessions.... « Nous avons à craindre, cependant, que ces considérations « n'arrêtent pas le gouvernement, vivement, violemment, solli-

« cité, pouvons-nous dire, par des influences qui se manifestent
« assez ouvertement pour que nous n'ayons pas à les désigner...
« La situation est donc grave, assez grave pour que nous
« croyions devoir faire appel à votre concours afin que chacun
« de vous prenne part, dans la mesure de ses relations et de ses
« moyens, à la défense commune. »

Ce qui rendait la situation plus critique, c'est que, très habile-
ment, les intéressés cherchaient à mettre l'opinion publique de
leur côté en agitant la question du monopole des chemins de fer
et en vantant les bienfaits de la concurrence.

La presse financière avait alors une autorité et un éclat que
ses complaisances et ses abus ont bien diminués depuis. La
Semaine était à cette époque un journal trop influent pour que
l'on n'essayât pas de l'enrôler dans cette campagne. E. de Girardin
fit venir Baras, lui parla, lui remit le dossier de l'affaire. Ce dernier ne dissimula pas son hostilité. « Ne vous pressez pas, lui répondit de Girardin, prenez votre temps, étudiez et revenez me voir. »
Baras revint bientôt ; il n'avait pas changé, au contraire. Non
seulement il ne pouvait, disait-il, défendre un pareil projet, mais
il était décidé à le combattre énergiquement, comme funeste et
souverainement injuste ; il offrit même sa démission ; de Girardin
la refusa ; il lui demanda seulement avant de rien écrire de voir
« ces messieurs » : « Voyez-les, je crois que leurs arguments
« pourront vous convaincre. »

Rendez-vous fut donné, et Baras se rendit, place Vendôme,
chez l'un des plus hauts et des plus influents personnages du
second Empire. On était à déjeuner ; le repas ne fut pas inter-
rompu par l'arrivée du modeste visiteur ; et ces riches et ce
grand seigneur entreprirent, en allumant un cigare, le siège de
cet homme honnête et pauvre qui avait l'impertinente prétention
de contrecarrer leur projet. Mais ils savaient comment s'y
prendre pour triompher des scrupules d'un journaliste financier !

On lui tint d'abord un langage familier et bon enfant ; on lui
parla de l'intérêt public, du vœu des populations ; on fit appel à
ses bons sentiments, à sa vanité, à ses intérêts. « Il va sans dire
« que vous trouverez dans cette affaire votre avantage. Vous
« êtes père de famille, il faut penser à l'avenir ; votre talent est
« universellement apprécié et le gouvernement est prêt à vous

« rendre justice. » (Et le financier qui parlait regardait le grand
seigneur qui approuvait de la tête.) « Le 15 août sera l'occa-
« sion naturelle de vous donner la distinction que vous méritez. »
Baras fut inébranlable, sa vieille honnêteté bourguignonne était
révoltée ; il refusa tout, l'argent et la croix, et partit, les laissant humiliés et furieux.

Talabot, le véritable créateur du réseau du Lyon, ayant appris
cette conduite, tint à remercier lui-même Baras ; il fit plus, il
donna son estime et son amitié au vaillant publiciste ; c'est ce qui
toucha surtout Baras qui avait pour ce puissant esprit, ce lutteur
acharné, cet administrateur incomparable, un respect tout filial.

Ces deux anecdotes peignent l'homme tout entier.

*
* *

A la mort de Girardin, la situation ne fut plus tenable. La
Banque nationale venait d'être créée. On emploie toujours les
grands mots pour les grandes piperies. Il s'agissait en réalité
d'accaparer toute la publicité financière des journaux dans les
départements. On voulait se rendre maître ainsi de toute entreprise, de toute affaire nouvelle qui aurait besoin de s'adresser
au public. La louange ou le blâme dépendrait du chiffre de la
commission. La *Semaine financière* était destinée à servir cette
combinaison et à donner le ton aux choristes disséminés en pro-
vince. Il fallait donc surveiller les articles pour ne pas laisser
malmener les bons clients qui passaient fidèlement à la caisse,
non pour toucher, mais pour verser.

Baras ne pouvait se résigner à faire des prospectus d'émission, et à laisser défigurer ses opinions et sa pensée par un
comité de lanceurs d'affaires ; il donna sa démission de rédac
teur en chef et quitta le journal où il avait passé plus de vingt
années, où il avait tenu successivement et avec un égal succès
tous les emplois, et qui devait en grande partie sa réussite à sa
science et à son talent.

En sa qualité de publiciste influent, Baras avait été mêlé de
près à toutes les grandes spéculations du second Empire ; il ne

sortit jamais de son rôle de critique impartial. Les spéculateurs, voire les ambassadeurs des gouvernements besoigneux qui voulaient lancer un emprunt, lui faisaient leur cour; on essaya tous les genres de séduction pour l'entraîner. Ce fut en vain.

Dans une profession ouverte, où parfois le premier venu s'installe, attiré par l'espoir des gains faciles, où la souplesse du talent peut rapporter beaucoup, où l'indépendance n'est guère rétribuée, il entendit bien qu'on ne pût le soupçonner d'avoir jamais écrit une seule ligne d'une main vénale. Il portait même à l'excès cette préoccupation. Il se fit fréquemment scrupule de soutenir des entreprises qu'il approuvait, qu'il croyait bonnes, pour ne pas paraître obéir à un motif intéressé. Il refusa de rendre des services parce qu'il aurait pu en profiter. Il s'interdit tout profit légitime parce qu'il y en a d'illégitimes. Caractère antique! Probité farouche! Excès trop rare pour ne pas l'admirer!

Son ami intime, G. Hubbard, le voyant dans ce flot doré, dans cette foule d'affamés poursuivant la fortune, craignait une défaillance ou une surprise : « Retire-toi, Baras, il est temps, » lui disait-il parfois, et celui-ci répondait en riant : « Sois tranquille. » Il n'y avait rien à craindre en effet : Baras sortit de la *Semaine financière* pauvre comme il y était entré.

III

Il venait de dépasser la cinquantaine; il était dans la pleine maturité de son talent. C'était toujours la même fougue et la même ardeur, mais guidées par une expérience consommée; âge unique pour les tempéraments robustes, où, avec toute la sagacité de la vieillesse dont on touche le seuil, on possède encore toutes les forces de l'âge mûr !

E. Baras va maintenant poursuivre la réalisation de son rêve : avoir un journal à lui, qu'il dirigerait, où il serait maître absolu, où il pourrait dire sa pensée tout entière, où il ne relèverait que de lui-même. C'est ainsi que fut fondé le *Journal du Lundi*.

Il fit son apparition au mois de janvier 1881, au moment où la fièvre de spéculation qui avait suivi l'Exposition de 1878 battait son plein. — « Nous savons, disait le fondateur, en présentant le « nouveau né au lecteur, que les journaux ne manquent pas. « Mais le public en voit-il plus clair? Est-il si bien servi qu'il « n'y ait plus d'utiles vérités à dire, que ses intérêts n'aient plus « besoin d'être défendus ? C'est après nous être posé cette simple « question que nous nous sommes décidé, sans regarder à ce que « sera d'abord notre salaire...

« Ce journal vivra ou végétera : nous n'avons vis-à-vis de per- « sonne d'engagements qui, pour vivre, l'exposent à compro- « mettre son indépendance : il importe avant tout d'écrire et de « penser librement. Si la sincérité devait être un mérite, celui-là, « du moins, nous l'aurons. »

Et pendant huit années cet Alceste de la finance poursuivit son apostolat, « disant d'utiles vérités sans regarder à son salaire »..

Il maintint invariable sa ligne de conduite, dédaigneux des succès bruyants, rebelle à toute complaisance, veillant avec une sollicitude ombrageuse à ce que personne ne pût battre monnaie avec sa réputation et sa probité.

La mort seule l'arrêta; elle vint brusquement et plus tôt qu'il n'avait pensé. Sa vie aurait pu être plus longue : sa carrière ne pouvait être mieux remplie.

DEUXIÈME PARTIE

I

Nous avons vu l'homme, son caractère et sa vie ; il nous faut parler à présent de son œuvre et de ses idées.

C'était un financier et un économiste de l'école de M. Thiers : c'est dire qu'il ne croyait pas à l'économie politique.

Il avait une défiance instinctive pour les théories, les formules générales. Il ne lisait guère ; il puisait dans son expérience, observant les faits, avec une certaine facilité à négliger ceux qui contrariaient ses vues. Malgré tout, cependant, comme c'était un penseur et un esprit vigoureux, ses opinions s'étaient systématisées à son insu. Il avait une doctrine qui le guidait et le soutenait quoiqu'il s'en défendît. Mais, ce qui le peint bien, il n'érigeait pas en vérités absolues les principes qu'il soutenait. Il les avait admis surtout sous l'influence de la situation faite à la France par les revers de l'année terrible, comme les seuls capables de relever le pays et de lui rendre sa grandeur : il était arrivé à l'unité de pensée par patriotisme.

Nous commencerons l'exposé de ses opinions par la question des chemins de fer, qui était pour ainsi dire son domaine propre : celui qu'il s'était exclusivement réservé au journal et qui lui fournit le sujet de ses plus solides articles, l'occasion de ses plus brillantes campagnes.

****

Tout le monde reconnaissait sa compétence en cette matière. Il avait assisté aux débuts pénibles de cette grande industrie : il savait les déboires causés par les concessions multiples ; les ruines, les faillites des premiers temps. Il voyait aujourd'hui le triomphe, grâce aux grandes fusions, à l'intervention de l'Etat et aux conventions de 1859 et 1865. Il admirait beaucoup le système admis et consacré à ces deux époques : le territoire de la France divisé en six grandes régions attribuées à six grandes Compagnies; le tracé des voies ferrées établi d'après une vue d'ensemble et non laissé au hasard et aux compétitions de Sociétés privées, libres et rivales ; l'union des Compagnies et de l'Etat, pour mener à bonne fin cette colossale entreprise dont nul ne pouvait encore affirmer le succès final ; l'Etat donnant sa garantie pour faciliter les emprunts à l'aide d'obligations amortissables pendant la durée de la concession; se réservant un droit de haute surveillance et laissant dans ces limites aux Compagnies la liberté d'administrer et la propriété de leurs tarifs.

Grâce à ce système, l'industrie des chemins de fer en France a été à l'abri des crises, des luttes, des coalitions, dont l'Angleterre et surtout l'Amérique ont donné le spectacle. Dans ces pays, c'est le principe de la liberté absolue et de la concurrence qui a prévalu: ils en regrettent les conséquences aujourd'hui : les brusques variations de tarifs, les grèves et ces crises de chemins de fer qui nous sont inconnues. Ils ont oublié que l'Etat ne pouvait se désintéresser complètement d'une industrie qui est d'intérêt public et que la concurrence, en admettant qu'elle fût utile, ne pourrait exister, comme le dit Stephenson, là où l'entente entre les Sociétés rivales est possible.

Quand il s'est agi, chez nous, de construire le second réseau, on fit appel aux grandes Compagnies. L'État leur demanda de limiter leurs dividendes, de renoncer à une partie des bénéfices que donnaient les anciennes voies et d'appliquer le surplus à la construction des voies nouvelles moins fructueuses. L'État continuait sa garantie aux obligations. Les Compagnies acceptèrent. Les conventions de 1859-1865, qui ont établi la garantie d'intérêt, le revenu réservé et le *déversoir*, les conditions de la restitution des avances de l'Etat et du partage des bénéfices, mises à l'épreuve, ont donné ce que l'on attendait d'elles: elles ont rendu les services espérés en ménageant l'intérêt public et privé.

Les Compagnies ont pu demander 10 milliards à l'épargne sans gêne pour le marché, et l'achèvement de leurs travaux les trouvait jouissant d'un crédit incomparable et d'une prospérité qu'elles n'avaient pas encore connue : c'était un succès complet. Est-ce que le passé n'indiquait pas la marche à suivre pour l'avenir? C'était la conviction bien arrêtée de Baras ; mais les pouvoirs publics allaient suivre une autre voie.

La loi de 1865 avait donné aux Conseils généraux des pouvoirs très étendus pour la concession des lignes dites d'intérêt local. Les petits réseaux concédés, isolés, livrés à eux-mêmes, étaient à la veille d'être abandonnés. Pour sauvegarder les intérêts engagés, le Gouvernement fit l'acquisition des lignes en détresse, et pour les payer on créa l'Amortissable, imitation plus ou moins heureuse de l'obligation des Compagnies ; dans la pensée de ses fondateurs, le nouveau fonds pouvait même devenir l'instrument d'un rachat général ; des propositions dans ce sens furent présentées aux Chambres, et il fut très sérieusement question de racheter l'Orléans.

Le vote du plan des grands travaux, élaboré par M. de Freycinet, vint encore accentuer les dispositions des Chambres et du Gouvernement. Désormais, le système de la construction et de l'exploitation par l'Etat et celui de la construction et de l'exploitation par les Compagnies étaient en présence. Baras prit une part très active à la lutte qui s'engageait.

Ses préférences n'étaient pas douteuses. Tout lui répugnait, tout lui paraissait dangereux dans le projet Freycinet : les principes, le programme, les moyens d'exécution. Son bon sens ne lui permettait pas d'admettre qu'un chemin de fer fût toujours utile ; il faut au moins ou qu'il serve d'affluent à une ligne plus importante, ou qu'il y ait quelque espérance d'un trafic local. C'est un jeu trop coûteux que de poser des rails pour y promener des wagons vides. Il n'admettait pas non plus que l'on pût se contenter de ce que M. de Freycinet appelle ingénieusement « les profits indirects » ; c'est une monnaie d'appréciation avec laquelle il est difficile de balancer les recettes et les dépenses. Et que penser du principe de justice distributive auquel on subordonnait l'utilité et le profit, en vertu duquel on proclamait le droit égal des pays pauvres et des pays riches, des pays de plaines et des pays de montagnes en matière de chemins de fer ! On ne pouvait aboutir ainsi qu'à l'ouverture d'une masse de lignes improductives risquant de nous mettre indéfiniment au régime des emprunts : emprunts pour construire, emprunts pour exploiter.

L'Etat aurait pu, pour la construction du troisième réseau, s'adresser aux Compagnies. Elles étaient à bout de travaux, non à bout de crédit. Mais il a préféré travailler seul, voir les charges inscrites au budget pour le service de la dette augmenter, tandis que les Compagnies jouissaient tranquillement de leurs excédents de recettes que le caprice de l'Etat laissait sans emploi.

Comment expliquer cette conduite, sinon par une arrière-pensée dont la réalisation pouvait être un désastre public ? Le plan Freycinet comprend l'exécution de nouveaux chemins et de nouveaux canaux ; dans le tracé de ces voies, on semble s'être inspiré très souvent d'un sentiment d'hostilité vis-à-vis des Compagnies existantes et avoir voulu surtout créer des voies de détournement et de concurrence pour les anciennes lignes. Les grands travaux achevés, l'Etat maître de la totalité des canaux sur lesquels il ne perçoit aucun droit de navigation, propriétaire de 16,000 kilomètres de chemins de fer sur 38,000, deviendrait l'arbitre des tarifs, serait en mesure d'imposer sa volonté et de ruiner, si elles résistaient, les Compagnies prisonnières dans les mailles de son réseau.

Quel serait le bénéfice et à quel prix ? Des milliards perdus, notre dette augmentée, la garantie d'intérêt obligée de fonctionner largement, les charges du budget enflées, les intérêts troublés et le merveilleux organisme, qui a donné de si puissants résultats, brisé ! Est-ce là le rôle de l'Etat gardien des intérêts généraux du pays ; est-ce ainsi que doit agir l'Etat vis-à-vis d'une propriété qui est à lui, qui lui reviendra dans une moyenne de soixante-cinq à soixante-dix ans libre de toutes charges, et dont il retire, en attendant, tant en recettes encaissées qu'en économies réalisées, près de 300 millions par an ?

Si, réellement, on n'avait en vue que la baisse des tarifs, une entente directe avec les Compagnies était la route la plus courte et la plus sûre. Ces dernières défendent énergiquement leurs tarifs, et elles ont raison, parce qu'ils sont, en réalité, leur seule propriété, la seule garantie de leurs actionnaires et de leurs obligataires. Mais leur intérêt est de contenter le commerce et

l'industrie et d'établir des prix assez bas pour attirer les marchandises et les produits. Deux d'entre elles, le Lyon et l'Est,
proposaient spontanément, dès 1882, une réforme complète de
leurs tarifs généraux et spéciaux de grande et de petite vitesse.
Cette réforme donnait satisfaction à l'opinion publique et sur
certains points même dépassait ses vœux. On n'avait qu'à poursuivre dans cette voie.

Un autre moyen efficace, c'était de supprimer l'impôt de
23 0/0 sur les transports par grande vitesse. Les Compagnies
offraient dans ce cas un dégrèvement égal et les prix eussent été
réduits immédiatement de 25 0/0 pour les marchandises, de 30,
40 et 50 0/0 pour les voyageurs, suivant la classe.

Cette réforme aurait eu les plus heureuses conséquences; elle
aurait été des plus populaires. Il suffisait que le Trésor renonçât
à une recette de 85 millions ; il avait accepté des dégrèvements
plus considérables et moins utiles, mais nos budgets, maintenant à l'étroit, ne permettaient plus de libéralités. Et l'Etat
cependant s'obstinait à enfouir des centaines de millions dans
des chemins et des canaux improductifs pour faire concurrence
aux Compagnies et les amener à baisser leurs prix ! Etrange
aveuglement ! On continuait à s'enfoncer dans la route qui tour-
nait le dos au but à atteindre.

Il s'agissait de montrer aux Compagnies, trop fières de leur
puissance, qu'il était possible de se passer d'elles, de construire,
d'exploiter sans elles, de faire mieux qu'elles. Et voilà que la preuve
s'est retournée contre l'Etat. Il a son réseau aujourd'hui, dont
il a fait « un champ d'expériences », une école normale d'exploitation des voies ferrées, le paradis des ingénieurs. Les résultats
sont déplorables ; le capital engagé n'est pas rémunéré, le déficit
annuel atteint 40 millions. Si une seule Compagnie exploitait
d'après ces règles, il faudrait lui donner un Conseil judiciaire;
il est vrai qu'auparavant elle serait tombée en faillite. La vérité,
c'est qu'un chemin de fer doit être exploité commercialement et

que la rigidité, la lenteur administrative sont absolument rebelles aux mille combinaisons nécessaires à cet effet.

L'Etat n'a pas été plus heureux dans ses tentatives de construction.

L'opulence de nos budgets, qui avait ébloui et tourné les têtes, n'eut qu'un temps. L'effet de la crise de 1882 fut de remplacer les plus-values par le déficit. On se trouva bien empêché alors en face des promesses faites, des travaux engagés; les imprudences commises apparurent à tous les yeux. Pour sortir d'embarras, on fut obligé de recourir aux Compagnies, comme Baras l'avait toujours conseillé. Telle fut l'origine des conventions de 1883.

Elles avaient le tort, à ses yeux, de ne pas trancher la question, d'ajourner les difficultés, d'en préparer de nouvelles; de consacrer un programme de travaux inutiles, onéreux pour les Compagnies et pour nos finances. Elles étaient un prétexte à l'Etat pour arrondir son réseau et lui donner une tête de ligne à Paris : c'était même là, aux yeux de la *République française*, leur principal mérite. Ainsi, les conventions servaient uniquement à assurer l'exécution du troisième réseau, et à donner droit de cité définitif aux chemins de l'Etat, c'est-à-dire à perpétuer ce que Baras avait le plus vivement combattu. Elles ne lui donnaient pleine satisfaction qu'en un point : c'est qu'elles attestaient de nouveau l'utilité, la fécondité de l'entente entre l'Etat et les Compagnies, en matière de chemins de fer.

L'Etat s'était mis dans la nécessité ou de suspendre le programme si pompeusement annoncé, ou de conclure un arrangement pour le poursuivre. « Le gouvernement, disait M. Raynal « à la tribune, se déclare dans l'impossibilité d'établir un bud- « get extraordinaire, si les conventions ne sont pas votées. » On ne peut se flatter d'obtenir les conditions les plus avantageuses quand on attend d'être mis au pied du mur pour négocier. Le gouvernement cependant, grâce au concours pécuniaire des Compagnies et au remboursement anticipé de leur dette, fut tiré de ce mauvais pas. Les conventions lui donnèrent ce qu'il demandait : les moyens de respirer sans être obligé de faillir trop brusquement à d'imprudentes promesses.

Cette facilité donnée à l'Etat de continuer ses fantaisies coûteuses, était un danger aux yeux de Baras. Pour lui, il aurait fallu, dès cette époque, reviser le programme des voies ferrées, supprimer un grand nombre de lignes, en ajourner d'autres et remplacer partout la voie large par la voie étroite, faire, en un mot, ce que l'on propose aujourd'hui.

Mais se mettre dans l'obligation de travailler, en pleine crise, à un réseau qui ne peut se développer et vivre qu'aux dépens du budget, était une témérité qui l'effrayait et dont il ne se lassait pas de montrer les conséquences funestes. L'immense majorité des chemins nouveaux étant condamnés à végéter, deviendraient plus tard, par les déplorables résultats de leur exploitation, un obstacle à l'abaissement des tarifs qui est le but à poursuivre, le principal bienfait réclamé par le commerce et l'industrie, en même temps qu'une lourde charge pour le Trésor.

On commence à s'en apercevoir aujourd'hui. Le chiffre insolite des avances que les Compagnies se voient obligées de demander à l'Etat montre assez éloquemment que, derrière la question des transports et des tarifs, il y a une question budgétaire. Par la clause de garantie d'intérêt, comme par la clause du partage des bénéfices, l'Etat et les Compagnies sont, en effet, non des adversaires, mais des associés.

Actuellement, l'Etat est en présence d'une dépense de 50 à 60 millions du seul fait de la garantie d'intérêt, grâce aux lignes improductives demandées par lui, à la concurrence des canaux créés par lui. Il doit une annuité de 55 millions par suite d'engagements antérieurs à 1883. Enfin, quand les travaux exécutés pour son compte par les Compagnies seront dans leur plein, il devra une nouvelle annuité d'au moins 85 millions, soit une annuité totale de 140 millions pendant toute la durée de la concession, c'est-à-dire jusqu'en 1956!

Mais ce n'est pas tout, il faut encore compter avec les insuffisances d'exploitation, mises actuellement au compte de premier établissement et dont la moyenne annuelle monte à 32 millions pour les 5,000 kilomètres exploités ; que sera-t-elle quand les 7,000 kilomètres qui restent à construire seront achevés? Quelle sera la charge pour le Trésor, quand, dans un temps plus ou moins long, l'ensemble du réseau sera exploité au compte de la garantie? Ainsi le résultat le plus clair de la politique poursuivie en matière de chemins de fer a été une dépense de 200 millions que l'Etat doit consacrer, chaque année, au service des capitaux absorbés par la construction des lignes nouvelles et de son propre réseau, dépense qui montera à 300 millions peut-être dans quelques années !

Est-ce que cette charge n'est pas effrayante? Est-ce qu'il n'est pas temps d'aviser, d'ajourner toute ligne nouvelle, de prendre toutes les mesures propres à relever le trafic et les recettes; de revenir sur la gratuité des canaux, de faire payer tous les transports par ceux à qui ils profitent? Il ne s'agit pas d'intérêts privés, d'intérêts des Compagnies de chemins de fer, mais des intérêts du Trésor et de la fortune publique, de l'avenir même de nos budgets.

II

L'avenir de nos budgets ! Baras en parlait constamment. S'il combattait résolument le rachat, la construction et l'exploitation des chemins de fer par l'Etat, s'il s'élevait avec tant d'énergie contre la politique des grands travaux, c'est qu'il entrevoyait au bout l'affaiblissement de nos finances.

Un fait dominait tout pour lui : les charges écrasantes que la guerre nous avait laissées. Les désastres de 1870 ont porté notre dette à 20 milliards; une dette pareille diminue et affaiblit les ressources de l'Etat en cas de danger. « C'est là ce qui fait de « nous, disait-il, les ennemis déclarés de tout système qui tend « à augmenter le fardeau de la dette sans une nécessité « absolue. »

Le but à atteindre, c'est d'alléger nos charges ; il n'y a qu'une politique prévoyante, celle des économies et de l'amortissement, celle que M. Thiers avait indiquée. Ce grand patriote avait voulu que l'on consacrât 200 millions par an à l'extinction rapide de la dette d'un milliard et demi contractée par l'Etat vis-à-vis de la Banque. La Banque remboursée, l'annuité de 200 millions devait, dans sa pensée, être appliquée à l'amortissement. Il faudrait

reprendre cette pensée, imiter l'Amérique, qui consacre tous ses
efforts à diminuer sa dette.

On s'engagea malheureusement dans une voie tout opposée :
on voulut mener de front les dégrèvements et l'augmentation des
dépenses ordinaires et l'exagération des dépenses extraordi-
naires. Certes, bien des choses utiles, indispensables même,
furent exécutées, mais l'Etat eut le tort de vouloir tout faire lui-
même et à la fois ; de se conduire comme s'il ne devait pas avoir
de successeurs, et, au lieu d'encourager l'initiative des particu-
liers, il tendit à absorber toute l'activité du pays.

En pleine paix, grâce au programme des grands travaux, on
fut mis au régime des emprunts continus. Ces appels au crédit
créèrent une concurrence formidable sur le marché dans le but
de devancer l'Etat. Une nuée d'entreprises s'abattit sur la Bourse,
faisant à leur profit une sorte de rafle des capitaux, et l'Etat
eut certainement sa part de responsabilité dans l'esprit de spéculation malsaine qui s'empara du public.

Que faut-il pour ramener l'ordre dans nos finances ? D'abord,
et avant tout, la suppression du budget extraordinaire, la ferme-
ture définitive du Grand-Livre, après un emprunt suffisant pour
consolider la dette flottante, et fournir les sommes nécessaires à
la défense nationale. Puis, une grande économie dans l'administration, mais sans compromettre les services. Cela ne suffira pas :
il faudra des ressources nouvelles. Des dégrèvements prématu-
rés ont privé l'Etat de 200 millions de recettes, pourquoi ne pas
rétablir provisoirement une partie des taxes supprimées, afin
de sortir d'une situation difficile, rétablir les droits de navigation sur les canaux, augmenter l'impôt sur les valeurs étrangères ?

S'il est nécessaire d'imposer de nouveaux sacrifices au pays,
« il sera plus prudent de les demander à des remaniements de
« taxes déjà établies et acceptées, dont on peut calculer exacte-
« ment le rendement, que de se livrer à l'invention de nouveaux
« impôts. Car, en matière financière, ces expériences sont géné-
« ralement inquiétantes. »

De même qu'il ne fallait pas toucher au régime de nos chemins
de fer, il ne fallait pas modifier non plus le régime de nos
impôts qui, soumis aux plus rudes épreuves, avait résisté.

Pourquoi quitter le connu pour l'inconnu, le certain pour l'incertain ?

Baras avait une préférence marquée pour les impôts indirects, que l'on acquitte jour à jour, à son insu, proportionnellement à sa dépense, à sa consommation, à l'état présent de ses ressources.

Parmi les impôts directs, celui qu'il repoussait avec la plus vive répugnance, c'était l'impôt sur le revenu.

Il le repoussait non seulement parce que tous les revenus sont déjà imposés, mais surtout parce que c'est un impôt inquisitorial, appelant la délation et le mensonge, bon seulement à augmenter nos divisions.

Il avait rompu autrefois avec la *Petite République* à ce sujet. Gambetta qui l'appréciait beaucoup, qui l'appelait son initiateur en économie financière, lui avait demandé d'exposer dans une série d'articles et sous une forme populaire le mécanisme des impôts ; ces articles paraissaient dans la *Petite République*. Mais Gambetta tenait à l'impôt sur le revenu, il voulait en faire l'essai et eût désiré que Baras préparât les esprits en exposant les beautés et les avantages de cette taxe ; Baras préféra rompre brusquement. Il ne reparut plus à la *Petite République*, et ne réclama jamais le prix de sa collaboration.

Il se ralliait à d'autres mesures : la suppression du privilège des bouilleurs de cru ; la surtaxe de l'alcool.

« On peut et on doit aboutir dans l'œuvre du relèvement de
« nos finances, mais il faut plusieurs années de sagesse. Ces
« années d'heureuse sagesse, ajoutait-il mélancoliquement, nous
« les avons connues. Pourquoi ne reviendrions-nous pas à la
« République conservatrice ? »

Toujours M. Thiers ! Il était resté fidèle à son souvenir, à sa politique et à ses doctrines. Cette influence prépondérante, nous allons la retrouver dans ses idées commerciales.

III

Avant la guerre, Baras était libre-échangiste. Depuis, ses rapports avec M. Thiers et le traité de Francfort modifièrent son opinion. Tant que des nationalités séparées subsisteront, pensait-il avec List, la prudence commandera aux grands Etats de se préserver, au moyen de leur politique commerciale, de ces fluctuations monétaires et de ces révolutions dans les prix qui bouleversent toute leur économie intérieure, et ce but ne sera atteint que par un exact équilibre entre l'industrie manufacturière du pays et son agriculture, entre ses importations et ses exportations.

Il attachait, par conséquent, une grande importance à la balance commerciale. Il suivait d'un œil attentif le mouvement du commerce extérieur, et c'est avec une véritable angoisse qu'il signalait l'énorme accroissement de nos importations. « Pays importateurs, s'écriait-il avec Proudhon, pays exploités. » Son idéal, je crois bien, eût été de vendre toujours sans rien acheter.

Il reprochait au régime de 1860 d'avoir facilité l'introduction des produits étrangers chez nous ; la différence entre nos achats et nos ventes est payée en espéces, et notre or s'écoule au dehors : il finira par disparaitre si nous ne ranimons la production nationale, en la mettant, autant que possible, à l'abri de l'importation étrangère. Tous les Etats, sauf l'Angleterre, relèvent leurs tarifs, imitons-les. Nous serons libre-échangistes quand tout le monde le sera devenu et que les charges des divers pays seront équivalentes.

Pour un pays de cherté, le libre-échange est un leurre ; comment résistera-t-il à la concurrence étrangère, toujours en mesure de lui opposer le bon marché ? La France, c'est le pays de la cherté par excellence — on reconnaît là l'élève de M. Thiers — il fallait donc protéger le marché national contre l'infériorité naturelle résultant du cours des choses ; il fallait, tout au moins, rétablir l'égalité, entre les produits français et étrangers, par des droits « sérieusement compensateurs ».

La vérité, c'est que la liberté commerciale, telle que la définissent les économistes, n'existe nulle part. Elle est impraticable tant qu'il y aura des frontières ; tant que les peuples auront des intérêts rivaux. Ce n'est pas un principe, c'est une question d'opportunité.

Le mieux, pour la France, serait de ne point se lier par des traités de commerce ; car, par une clause du traité de Francfort

qui nous lie jusqu'en 1892, l'Allemagne s'est réservé le traite-
ment de la nation la plus favorisée, sans aucune réciprocité de
sa part, puisqu'elle est devenue protectionniste. Ne renouvelons
pas les traités qui expirent, reprenons notre liberté d'action et, à
l'aide d'un tarif général des douanes suffisamment élevé, proté-
geons notre marché extérieur, notre industrie, notre agriculture,
notre numéraire.

IV

Les mêmes préoccupations patriotiques le rendaient intrai-
table sur la question des emprunts étrangers. Il rappelait
sans cesse les pertes que nous avaient causées les emprunts
mexicains, péruviens, turcs, tunisiens, espagnols, égyptiens,
autrichiens. Il eût voulu faire savoir à toutes les bonnes gens qui
envoyaient si loin leur argent, fascinés par ce titre « Emprunt
d'Etat », qu'un Etat est un personnage qui a le privilège de faire
faillite, de ruiner ses créanciers, de ne pas payer ses dettes sans
que personne ait rien à dire, attendu que ce privilège est garanti
par le droit des gens. Il poussait le scrupule si loin qu'il refusait
les annonces de ces émissions exotiques : « Je ne veux pas,
disait-il, qu'un brave homme puisse me reprocher d'avoir sous-
crit à un de ces emprunts parce qu'il en aura vu l'annonce dans
mon journal. » Il se brouilla même avec l'un des principaux éta-
blissements de crédit de la capitale, à propos d'une émission de
ce genre ; la seule concession qu'il offrit fut de retarder l'apparition de son journal de quelques semaines pour ne pas combattre
une opération qu'il désapprouvait. Voilà pourquoi le *Lundi* parut
au commencement de 1881 et non à la fin de 1880. On ne lui sut
aucun gré de sa concession, naturellement, et, dans sa candeur,
cela l'étonnait beaucoup.

Il ne faisait d'exception que pour la Russie qui a toujours rempli
ses engagements avec la plus scrupuleuse exactitude.

« Les emprunts étrangers ont cela de bon, nous dit-on pour
« les justifier, qu'ils nous préparent un change abondant pour l'ave-
« nir. L'avenir ! Mais c'est précisément l'inconnu. La valeur du

« change qu'on lui prépare peut varier beaucoup. Nous savons
« bien ce que vaudra notre or ; savons-nous aussi bien ce que
« vaudra, dans quelques années, la monnaie dont nous nous
« payons aujourd'hui ? Si le change nous manque un peu, ce n'est
« pourtant pas faute d'en avoir semé partout. Mais semer ne
« suffit pas, et on a bien vu que la récolte peut manquer. Il y
« avait de belles espérances en Turquie, lorsque nous avons
« commencé de ce côté nos grandes opérations financières ;
« nous y avons pourtant laissé le capital et l'intérêt. La veille de
« la banqueroute ottomane, qui donc s'avisait de supposer que
« nous n'ayons pas les mains pleines d'un change de première
« qualité ? Que vaudrait aujourd'hui notre change sur l'Egypte,
« si la France et l'Angleterre n'étaient intervenues ? Défendre
« notre or serait un bénéfice tout trouvé, le meilleur que nous
« puissions prendre. »

Il faudrait au moins demander aux étrangers qui viennent
battre monnaie en France s'ils sont amis ou non, indifférents
ou ennemis ; si servir leurs intérêts c'est en même temps servir
quelque intérêt français. Mais non, il semble que tout emprun-
teur ait droit d'asile chez nous.

Ainsi l'Italie a besoin de 400 millions d'or pour rétablir sa circulation. Elle nous les demande et nous les lui donnons. L'Au-
triche a besoin d'argent pour ses chemins serbes qui doivent la
relier à Salonique, elle s'adresse à nous et nous répondons à son
appel ; et ces deux puissances, fidèles alliées de l'Allemagne,
peuvent être demain engagées contre nous dans une lutte à mort.

Nous trafiquons de nos ressources comme ces Hollandais
assiégés que la nostalgie du commerce poussait à vendre des
armes et des munitions à l'ennemi. Mais vous n'admettez donc
pas la liberté des transactions ? « Aimable liberté, répondait-il,
« qui dispense les banquiers et les capitalistes de toute espèce de
« notions et de scrupules en matière de patriotisme. »

L'Etat de l'Europe appelle de notre part le recueillement,
l'abstention en matière de placements étrangers : « Ne com-
« prendrons-nous pas la patriotique obligation qui s'impose de
« veiller sur nos ressources financières et d'en arrêter l'épar-
« pillement ? Qu'il soit entendu que, pour bien placer son argent,
« il faut désormais et toujours le placer en France. »

Il était donc l'ennemi naturel de toutes les Sociétés dont la principale fonction est de travailler à l'étranger, d'exporter les capitaux français pour les engager dans des entreprises lointaines dont beaucoup ne reviendront jamais. C'est à ce point de vue qu'il avait toujours jugé les entreprises de Suez et de Panama. Il n'avait jamais été favorable au percement de l'ithsme de Suez ; il avait craint d'abord un échec financier, et il redoutait encore les rivalités, les complications internationales qui pouvaient en résulter pour notre pays et leur contre-coup désastreux pour les porteurs français.

Quant au percement de l'isthme de Panama, il l'avait toujours combattu.

Il avait le sentiment d'une catastrophe qui retomberait de tout son poids sur l'épargne française. Dans une entreprise aussi gigantesque, où tout tient de l'héroïsme, où les hasards sont si nombreux, en face de l'Amérique réservée et soupçonneuse, il déplorait la témérité des promoteurs de l'entreprise et la confiance du public. Il aurait voulu, tout au moins, puisqu'il s'agissait d'une œuvre intéressant le commerce de l'univers, que la part de nos responsabilités et de nos dépenses eût été strictement limitée, et que nous ne soyons pas seuls à la peine et aux risques, alors que, certainement, nous ne serions pas seuls au partage des profits. C'est pourquoi il se déclarait, dès l'origine, obligé à la plus extrême réserve sur tout ce qui intéressait l'exécution du programme de la Compagnie, et la prise de possession paisible de son trafic.

Il signalait en même temps les imprudences commises dans la gestion financière, il montrait l'insuffisance des devis établis. Il s'élevait contre les dividendes payés aux actionnaires alors qu'il n'y avait aucun revenu, contre les émissions d'obligations alors que le capital-actions n'était pas complètement appelé, contre les obligations elles-mêmes, parce qu'elles ne pouvaient avoir encore aucun gage sérieux.

Quand l'autorisation d'émettre des obligations à lots fut accor
dée à la Compagnie, au mois de juin dernier, il écrivait : « Nous
« ne formons qu'un vœu, c'est que l'événement nous donne tort
« contre le vote des Chambres, et que le jour ne vienne jamais
« où le pays aurait à regretter d'avoir été si loin chercher l'occa-
« sion de dépenser des millions qui pourraient l'être plus utile-
« ment dans la limite de sa frontière. »

Son antipathie était beaucoup plus vive encore pour les Sociétés qui cherchent à acclimater chez nous les entreprises exclusivement étrangères, et qui recueillent nos épargnes pour les
employer au soulagement ou au développement de l'industrie, du
crédit des nations voisines ou lointaines. « Il semble que l'argent
« français, disait-il, soit devenu le patrimoine de l'humanité ;
« nous commanditons les deux hémisphères. »

Il aurait voulu empêcher ces provocations incessantes à l'émi-
gration des capitaux. Il s'attaquait à la loi de 1867, comme à la
cause principale du mal ; à cette loi imprudente qui a fait pulluler
les Sociétés anonymes; qui permet à tout le monde de com-
mercer, de grouper, de gaspiller des centaines de millions, en
échappant à toute responsabilité effective, en ne risquant que sa
mise. Il réclamait des garanties plus efficaces pour les simples,
les ignorants, les crédules, c'est-à-dire pour la grande masse.

L'anonymat, à ses yeux, était et devait rester un privilége, à
n'octroyer que dans un intérêt national, intérêt dont le Conseil
d'Etat était le juge indiqué. Il voulait, en un mot, sur ce point,
le retour à l'ancienne législation, pour ne plus voir protéger par
la loi « des associations internationales dont la seule industrie
« est de trafiquer de notre or ».

VI

Cette défense de la circulation monétaire du pays, il en faisait
l'intérêt supérieur et permanent de la Banque de France.

Il enviait pour elle le règlement sévère de la Banque d'Angleterre, obligée de surveiller de près sa circulation et son encaisse, et forcée de relever le taux de son escompte dès que le rapport normal entre l'une et l'autre est menacé. « Entre « une banque, à laquelle ses statuts tracent d'avance « une limite qu'elle ne peut dépasser, qui se trouve armée d'un « critérium infaillible contre certains dangers, et une banque « que nulle limitation précise n'avertit, obligée de chercher sa « règle dans sa propre inspiration, sans force pour réagir contre « les abus du crédit, » pour lui, il n'y avait pas à hésiter.

À défaut de ce règlement, il demandait à la Banque de manier le taux de l'escompte d'une main vigoureuse; car ce n'est pas une affaire de sentiment. C'est un malheur, sans doute, si l'argent devient rare, mais il faut s'habituer à le payer ce qu'il vaut.

En parlant ainsi, il avait surtout en vue les spéculateurs; car, parmi les devoirs de la Banque, il comprenait celui de veiller sur les entraînements du marché. Quand on voit le taux de l'argent, à la Bourse, varier de 6 à 12 0/0, le bon marché à la Banque ne fait que servir des intérêts qui n'ont droit à aucune sollicitude officielle; encourager le jeu, et mettre au service des spéculateurs le fonds de roulement du commerce. Par une intervention opportune, elle doit empêcher ce mauvais emploi de ses ressources.

Il faut pour cela qu'elle conserve la liberté de ses mouvements. Aussi était-il opposé à toute modification du contrat de la Banque, à toute ingérence de l'Etat dans son administration. Au nom de nos intérêts les plus sacrés, il demandait le maintien de son privilège. Avant de toucher à la Banque, le Parlement doit se souvenir que, lorsqu'il a voulu toucher à la magnifique industrie des chemins de fer, il en est résulté le déficit dans nos budgets. La Banque marche bien; il n'y a qu'un souhait à faire. c'est qu'elle dure longtemps pour le bien du pays. On parle de monopole! mais il est justifié quand l'intérêt public l'exige et qu'il s'exerce sous la surveillance et le contrôle de l'Etat. « Lorsqu'il a fallu appeler l'épargne à la défense de la Patrie, lorsqu'il était urgent de libérer le territoire, le monopole a accompli des prodiges; aurait-on pu en demander autant à la liberté? »

L'Allemagne victorieuse a entassé dans la plus inaccessible de ses forteresses 600 millions, distraits de notre rançon. C'est son trésor de guerre, l'or qui fera mouvoir ses bataillons au jour du danger. La Banque, voilà pour nous l'établissement dont le crédit vaut, et au delà, les centaines de millions enfouis dans la tour de Spandau. C'est le pilier le plus solide de notre édifice financier. Quand tout s'écroulait, elle est restée comme le seul point fixe auquel la fortune du pays pouvait se rattacher. Ce qu'elle a fait, elle le fera encore. Elle est tout à la fois le modérateur du marché, le gardien de notre numéraire, la réserve du pays dans une lutte suprême ! Respectons-la.

VII

N'avions-nous pas raison de dire que le patriotisme était l'âme de ses doctrines ?

Dans tous ses écrits, dans toutes ses conversations, cet amour du pays transperçait, et, s'il apportait tant d'ardeur passionnée à l'étude de questions qui paraissent arides au grand nombre, c'est qu'elles touchent à la fortune de la France et à son avenir.

Il voulait développer par tous les moyens la richesse de la Patrie. Il eût volontiers exproprié, après sommations et délais, les grands propriétaires qui laissent en friche les parties les moins fertiles de leurs domaines, afin que, livrées à des bras laborieux, elles pussent fournir un surcroît d'aliments permettant un surcroît de population. Il aimait la terre et ceux qui la cultivent, les paysans ; leur garantir la sécurité de leur possession par tous les moyens au service de la loi lui paraissait bienfaisant et juste. Il était, pour cette raison, opposé à tous les projets de mobilisation du sol, et aussi parce qu'il lui eût répugné de voir le sol national débité en actions, vendu par coupures à la Bourse, acheté par des mains étrangères ou ennemies.

Son grand grief contre la Bourse, c'est qu'elle n'a pas de patrie. Il parlait en disciple de Proudhon de ce marché des capitaux, qui est surtout un marché de papiers cosmopolites, une maison de jeu où les gros joueurs voient dans les cartes. Il nous serait difficile d'égaler l'énergie de ses anathèmes. Cette agitation, ces cris; ces milliards d'affaires fictives ; la hausse ou la baisse, la confiance ou la panique à la merci d'un syndicat, souvent étranger, apportant dans la balance le poids des écus du public pour jouer contre lui à coup sûr; ces embuscades financières, ces gains scandaleux, grâce à des manœuvres coupables, soulevaient son indignation. Il déplorait tant de capitaux détournés de l'agriculture et du commerce, dissipés en différences et en courtages; l'abaissement des consciences, la ruine des familles, la désolation des mœurs !

S'il condamnait la spéculation boursière poursuivant la hausse ou la baisse, il n'éprouvait pas plus de tendresse pour la spéculation industrielle qui cherche ses bénéfices dans des projets gigantesques. Il lui fallait des voies connues et un terrain éprouvé. Les vastes horizons effrayaient sa prudence. Quand on lui parlait de civilisation, de progrès de l'humanité, il devenait méfiant et secouait volontiers la tête. Il n'était pas citoyen de l'univers : pourvu que la France fût florissante, son humanité était satisfaite.

VIII

Nous avons exposé les doctrines de Baras, sans les juger, notre rôle n'étant pas celui d'un critique, mais d'un simple narrateur. En politique, c'était un républicain, mais en désaccord sur la majorité des questions avec son parti; en économie, il était plus près du xvɪɪɪ⁰ siècle que du xɪx⁰; en finance, il était hostile aux tendances modernes du crédit. Cette attitude d'opposant faisait une sorte d'isolement autour de lui, et pourtant il joua son rôle. C'est qu'il était incomparable dans la critique financière et qu'il joignait à l'autorité du talent l'autorité d'une incorruptible droiture. On pouvait discuter ses idées, on s'est toujours incliné devant son caractère.

Ses connaissances, son ferme bon sens, son intégrité, lui avaient conquis d'illustres amitiés. Thiers, Gambetta, pour ne parler que des plus grands parmi les morts, le tenaient en haute estime, recherchaient ses conseils, s'éclairaient de ses lumières. C'est ainsi qu'il fut mêlé de très près aux vastes opérations financières pour la libération du territoire; plus d'un secret d'Etat lui fut confié à cette époque, tant était grande la confiance qu'il inspirait.

Il n'usa jamais de ses hautes influences dans un intérêt privé; il ne connaissait que l'intérêt du pays. Bien des fautes n'ont pas été commises qui l'eussent été sans ses conseils, et bien des maux auraient été évités si l'on eût écouté plus souvent son expérience.

Plusieurs fois, la fortune est venue frapper à sa porte; Baras a toujours repoussée. Il eût fallu aliéner quelque chose de son indépendance, de son franc-parler, ou simplement se taire : Baras n'y consentit jamais.

On pouvait l'accuser de pessimisme; mais son pessimisme était celui des âmes supérieures qui comparent ce qu'elles voient à l'idéal qu'elles portent en elles, et qu'elles voudraient voir réaliser; le pessimisme d'un esprit pénétrant qui voit dans leur germe les conséquences lointaines.

Baras ne fut pas heureux; son caractère, son humeur, ne lui permettaient guère de l'être. Ses dernières années furent encore attristées par des deuils successifs. Il eut la douleur de voir partir un à un ces amis de la vingtième année, qui emportent avec eux le meilleur de nous-mêmes, nos plus vieux souvenirs.

Il aurait pu prétendre aux plus hautes fonctions; la plupart de ses anciens camarades devinrent préfets, conseillers d'Etat, députés, sénateurs, ministres; lui, il refusa toute fonction et tout mandat; il resta simple journaliste, fidèle au poste qu'il avait choisi, il aima son métier et il l'honora.

Ce fut une belle vie d'honnête homme.

Paris. — Imp. J. Kugelmann, 12, rue de la Grange-Batelière.